Mijn tweetalige prentenboek

Το δίγλωσσο εικονογραφημένο βιβλίο μου

Sefa's mooiste kinderverhalen in één bundel

Ulrich Renz • Barbara Brinkmann:

Slaap lekker, kleine wolf · Όνειρα γλυκά, μικρέ λύκε
Voor kinderen vanaf 2 jaar en ouder

Cornelia Haas • Ulrich Renz:

Mijn allermooiste droom · Το πιο γλυκό μου όνειρο
Voor kinderen vanaf 2 jaar en ouder

Ulrich Renz • Marc Robitzky:

De wilde zwanen · Οι Άγριοι Κύκνοι
Een sprookje naar Hans Christian Andersen
Voor kinderen vanaf 5 jaar en ouder

© 2024 by Sefa Verlag Kirsten Bödeker, Lübeck, Germany. www.sefa-verlag.de

Special thanks to Paul Bödeker, Freiburg, Germany

All rights reserved.

ISBN: 9783756304103

Lezen · Luisteren · Begrijpen

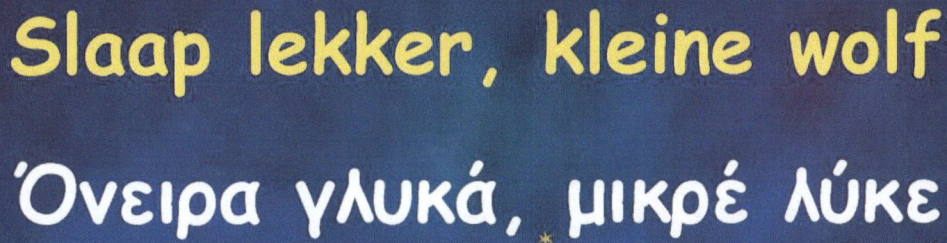

Vertaling:

Jonathan van den Berg (Nederlands)

Evangelos Papantoniou (Grieks)

Luisterboek en video:

www.sefa-bilingual.com/bonus

Gratis toegang met het wachtwoord:

Nederlands: **LWNL2321**

Grieks: **LWEL1421**

Goedenacht, Tim! We zoeken morgen verder.
Voor nu slaap lekker!

Καληνύχτα Tim! Θα συνεχίσουμε να ψάχνουμε αύριο.
Τώρα κοιμήσου, όνειρα γλυκά!

Buiten is het al donker.

Είναι ήδη σκοτεινά έξω.

Wat doet Tim daar?

Τι κάνει ο Tim εκεί;

Hij gaat naar de speeltuin.

Wat zoekt hij daar?

Πάει στην παιδική χαρά.

Τι ψάχνει εκεί;

De kleine wolf!

Zonder hem kan hij niet slapen.

Το μικρό λύκο!

Δεν μπορεί να κοιμηθεί χωρίς αυτόν.

Wie komt daar aan?

Ποιος είναι αυτός που έρχεται;

Marie! Ze zoekt haar bal.

Η Marie! Ψάχνει την μπάλα της.

En wat zoekt Tobi?

Και τι ψάχνει ο Tobi;

Zijn graafmachine.

Τον εκσκαφέα του.

En wat zoekt Nala?

Και τι ψάχνει η Nala;

Haar pop.

Την κούκλα της.

Moeten de kinderen niet naar bed?
De kat is erg verwonderd.

Δεν πρέπει τα παιδιά να πάνε στο κρεβάτι τους;
Αναρωτιέται η γάτα.

Wie komt er nu aan?

Ποιος έρχεται τώρα;

De mama en papa van Tim!
Zonder hun Tim kunnen zij niet slapen.

Η μαμά και ο μπαμπάς του Tim!
Δεν μπορούν να κοιμηθούν χωρίς τον Tim τους.

En er komen nog meer! De papa van Marie.
De opa van Tobi. En de mama van Nala.

Ακόμα περισσότεροι έρχονται! Ο μπαμπάς της Marie.
Ο παππούς του Tobi. Και η μαμά της Nala.

Nu snel naar bed!

Αλλά τώρα γρήγορα στο κρεβάτι!

Goedenacht, Tim!
Morgen hoeven we niet meer te zoeken.

Καληνύχτα Tim!
Αύριο δεν θα χρειαστεί να συνεχίσουμε να ψάχνουμε.

Slaap lekker, kleine wolf!

Όνειρα γλυκά, μικρέ λύκε!

Cornelia Haas • Ulrich Renz

Mijn allermooiste droom
Το πιο γλυκό μου όνειρο

Vertaling:

Gino Morillo Morales (Nederlands)

Χρυσή Αργυριάδου-Χέρμανν (Grieks)

Luisterboek en video:

www.sefa-bilingual.com/bonus

Gratis toegang met het wachtwoord:

Nederlands: **BDNL2321**

Grieks: **BDEL1421**

Lulu kan niet slapen. Alle anderen zijn al aan het dromen – de haai, de olifant, de kleine muis, de draak, de kangoeroe, de ridder, de aap, de piloot. En het leeuwenwelpje. Zelfs de beer heeft moeite om zijn ogen open te houden ...

Hé beer, neem je me mee in je dromen?

Η Λουλού δεν μπορεί να κοιμηθεί. Όλοι οι άλλοι ήδη κοιμούνται κι ονειρεύονται – ο καρχαρίας, ο ελέφαντας, το μικρό το ποντικάκι, ο δράκος, το καγκουρώ, ο ιππότης, το πιθηκάκι, ο πιλότος. Ακόμη και το μικρούλι λιονταράκι κοιμάται. Η αρκούδα κι αυτή νυστάζει ...

Καλή μου αρκουδίτσα μπορείς να με πάρεις μαζί σου στο ταξίδι των ονείρων σου;

En zo bevindt Lulu zich in berendromenland. De beer is vissen aan het vangen in Meer Tagayumi. En Lulu vraagt zich af: wie woont daarboven in de bomen?

Wanneer de droom voorbij is, wil Lulu nog meer beleven. Kom mee, laten we de haai bezoeken! Wat zou hij nu dromen?

Κι αμέσως η Λουλού βρίσκεται στον ονειρεμένο κόσμο των αρκούδων.
Η αρκούδα πιάνει ψάρια στη λίμνη Ταγκαγιούμι. Η Λουλού αναρωτιέται, ποιος άραγε να ζει εκεί ψηλά στα δέντρα;
Όταν όμως τελειώνει το όνειρο, η Λουλού θέλει να ζήσει κι άλλες περιπέτειες. Έλα μαζί μας, να επισκεφθούμε τον καρχαρία. Άραγε τι όνειρο να βλέπει αυτός;

De haai speelt tikkertje met de vissen. Eindelijk heeft ook hij vrienden! Niemand is bang voor zijn scherpe tanden.

Wanneer de droom voorbij is, wil Lulu nog meer beleven. Kom mee, laten we de olifant bezoeken! Wat zou hij nu dromen?

Ο καρχαρίας παίζει με τα ψάρια κυνηγητό. Επιτέλους έχει τώρα κι αυτός φίλους! Κανείς δεν φοβάται τα μυτερά του δόντια.
Όταν όμως το όνειρο τελειώνει, η Λουλού θέλει να ζήσει κι άλλες περιπέτειες. Ελάτε μαζί μας, να επισκεφθούμε τον ελέφαντα! Άραγε τι όνειρο να βλέπει αυτός;

De olifant is zo licht als een veertje en kan vliegen! Hij staat op het punt om te landen in de hemelse weide.

Wanneer de droom voorbij is, wil Lulu nog meer beleven. Kom mee, laten we de kleine muis bezoeken! Wat zou zij nu dromen?

Ο ελέφαντας είναι τόσο ελαφρύς σαν φτερό που μπορεί ακόμα και να πετάξει! Δεν αργεί να προσγειωθεί στο ουράνιο λιβάδι.
Όταν όμως το όνειρο τελειώνει, η Λουλού θέλει να ζήσει κι άλλες περιπέτειες. Ελάτε μαζί μας, να επισκεφθούμε το μικρό ποντικάκι. Άραγε τι όνειρο να βλέπει αυτό;

De kleine muis is naar de kermis aan het kijken. De achtbaan vindt ze het leukste.
Wanneer de droom voorbij is, wil Lulu nog meer beleven. Kom mee, laten we de draak bezoeken! Wat zou hij nu dromen?

Το μικρό ποντικάκι κάνει βόλτα στο λούνα παρκ. Απ' όλα αυτά που βλέπει το τρενάκι του τρόμου του αρέσει περισσότερο.
Όταν όμως το όνειρο τελειώνει, η Λουλού θέλει να ζήσει κι άλλες περιπέτειες. Ελάτε μαζί μας, να επισκεφθούμε τον δράκο. Άραγε τι όνειρο να βλέπει αυτός;

De draak heeft dorst van al het vuurspugen. Hij zou graag het hele limonademeer leegdrinken.

Wanneer de droom voorbij is, wil Lulu nog meer beleven. Kom mee, laten we de kangoeroe bezoeken! Wat zou zij nu dromen?

Έχοντας φτύσει πολλές φωτιές, ο δράκος διψάει. Θα ήθελε τόσο πολύ να πιει όλη τη λίμνη λεμονάδας.
Όταν όμως το όνειρο τελειώνει, η Λουλού θέλει να ζήσει κι άλλες περιπέτειες. Ελάτε μαζί μας, να επισκεφθούμε το καγκουρώ. Άραγε τι όνειρο να βλέπει αυτό;

De kangoeroe springt door de snoepfabriek en vult haar buidel. Nog meer gummibeertjes! En drop! En chocolade!

Wanneer de droom voorbij is, wil Lulu nog meer beleven. Kom mee, laten we de ridder bezoeken! Wat zou hij nu dromen?

Το καγκουρώ πάει πηδώντας σ' όλα τα μέρη του εργοστασίου με τα ζαχαρωτά και γεμίζει τον σάκο του. Απίστευτο κι άλλες μπλε καραμέλες, περισσότερα γλειφιτζούρια κι άλλη σοκολάτα!
Όταν όμως το όνειρο τελειώνει, η Λουλού θέλει να ζήσει κι άλλες περιπέτειες. Ελάτε μαζί μας, να επισκεφθούμε τον ιππότη. Άραγε τι όνειρο να βλέπει αυτός;

De ridder is bezig met een taartgevecht met de prinses van zijn dromen.
Oeps! De slagroomtaart gaat ernaast!
Wanneer de droom voorbij is, wil Lulu nog meer beleven. Kom mee, laten we de aap bezoeken! Wat zou hij nu dromen?

Ο ιππότης παίζει τουρτοπόλεμο με την πριγκίπισσα των ονείρων του.
Αλλά δεν την πετυχαίνει με την τούρτα κρέμας!
Όταν όμως το όνειρο τελειώνει, η Λουλού θέλει να ζήσει κι άλλες περιπέτειες. Ελάτε μαζί μας, να επισκεφθούμε τον πίθηκα. Άραγε τι όνειρο να βλέπει αυτός;

Eindelijk is er sneeuw gevallen in Apenland. De hele groep apen is door het dolle heen. Het is een echte apenkooi.
Wanneer de droom voorbij is, wil Lulu nog meer beleven. Kom mee, laten we de piloot bezoeken! Wat zou hij nu dromen?

Επιτέλους χιόνισε στη χώρα των πιθήκων! Η συμμορία των πιθήκων είναι κατενθουσιασμένη και ξετρελαίνεται κάνοντας απίστευτες χαζομάρες. Όταν όμως το όνειρο τελειώνει, η Λουλού θέλει να ζήσει κι άλλες περιπέτειες. Ελάτε μαζί μας, να επισκεφθούμε τον πιλότο. Άραγε σε ποιο όνειρο να βρίσκεται τώρα αυτός;

De piloot vliegt verder en verder. Naar het einde van de wereld en nog verder, helemaal tot aan de sterren. Geen andere piloot heeft dat ooit gedaan. Wanneer de droom voorbij is, is iedereen al heel moe en willen ze niet meer zo veel beleven. Maar toch willen ze het leeuwenwelpje nog bezoeken. Wat zou zij nu dromen?

Ο πιλότος πετάει χωρίς σταματημό. Μέχρι το τέλος του κόσμου και πιο μακριά μέχρι τ' αστέρια πετάει. Αυτό δεν το κατάφερε κανένας άλλος πιλότος μέχρι τώρα.

Όταν όμως το όνειρο τελειώνει, όλοι είναι πολύ κουρασμένοι και δεν θέλουν να ζήσουν άλλες περιπέτειες. Στο τέλος θέλουν όμως να επισκεφθούν και το μικρούλι λιονταράκι. Άραγε τι όνειρο να βλέπει αυτό;

Het leeuwenwelpje heeft heimwee en wil terug naar haar warme, knusse bed.
Dat willen de anderen ook.

En daar begint ...

Το μικρούλι λιονταράκι αισθάνεται μόνο του και θέλει πάρα πολύ να γυρίσει στο σπίτι του, να κουκουλωθεί στο ζεστό του κρεβατάκι.
Αυτό θέλουν να κάνουν κι όλοι οι άλλοι.

Τώρα αρχίζει ...

... Lulu's allermooiste droom.

... το πιο γλυκό όνειρο της Λουλούς.

Ulrich Renz • Marc Robitzky

De wilde zwanen

Οι Άγριοι Κύκνοι

Vertaling:

Christa Kleimaker (Nederlands)

Χρυσή Αργυριάδου-Χέρμανν (Grieks)

Luisterboek en video:

www.sefa-bilingual.com/bonus

Gratis toegang met het wachtwoord:

Nederlands: **WSNL2121**

Grieks: **WSEL1421**

Ulrich Renz · Marc Robitzky

De wilde zwanen

Οι Άγριοι Κύκνοι

Een sprookje naar

Hans Christian Andersen

sefa

Nederlands · tweetalig · Grieks

+ audio + video

Er waren eens twaalf koningskinderen – elf broers en een grote zus, Elisa. Ze leefden gelukkig in een prachtig kasteel.

Μια φορά κι έναν καιρό ζούσαν δώδεκα αδέλφια, έντεκα αδελφοί και μια μεγάλη αδελφή, η Ελίζα. Ζούσαν όλοι ευτυχισμένοι σ΄ ένα πανέμορφο κάστρο.

Op een dag stierf hun moeder en een poosje later trouwde de koning opnieuw. Maar de nieuwe vrouw was een boze heks. Ze toverde de elf prinsjes om in zwanen en stuurde ze naar een vreemd land heel ver weg, aan de andere kant van het grote bos.

Μια μέρα πέθανε η μητέρα τους, και λίγο αργότερα, ο βασιλιάς ξαναπαντρεύτηκε. Αλλά η καινούρια του γυναίκα ήταν μια κακή μάγισσα. Μεταμόρφωσε τους έντεκα πρίγκιπες σε κύκνους και τους έστειλε πολύ μακριά σε μια μακρινή χώρα πιο πέρα κι απ' το μεγάλο δάσος.

Ze kleedde het meisje in vodden en smeerde haar een zalfje op het gezicht dat haar zo lelijk maakte dat zelfs haar eigen vader haar niet meer herkende en haar uit het kasteel verjaagde. Elisa rende het donkere bos in.

Το κορίτσι το έντυσε με κουρέλια κι άλειψε το πρόσωπό του με μια απαίσια αλοιφή, έτσι ώστε ακόμη και ο ίδιος ο πατέρας του να μην μπορεί να το αναγνωρίσει και το έδιωξε από το κάστρο. Η Ελίζα κατέφυγε τρέχοντας στο σκοτεινό δάσος.

Nu was ze helemaal alleen, en verlangde in het diepst van haar ziel naar haar verdwenen broers. Toen de avond viel maakte ze onder de bomen een bed van mos.

Τώρα ήταν εντελώς μόνη και λαχταρούσε μέσα από τα βάθη της ψυχής της να δει τους εξαφανισμένους αδελφούς της. Όταν βράδιασε, έκανε ένα κρεβάτι από βρύα κάτω από τα δέντρα.

De volgende ochtend kwam ze bij een stille vijver en schrok ze toen ze daarin haar eigen spiegelbeeld zag. Maar nadat ze zich had gewassen, was ze het mooiste koningskind onder de zon.

Το επόμενο πρωί έφτασε σε μια ήσυχη λίμνη και τρόμαξε όταν είδε τον εαυτό της να καθρεφτίζεται στην επιφάνεια της λίμνης. Αλλά αφού πλύθηκε, ήταν η πιο όμορφη βασιλοπούλα του κόσμου.

Na vele dagen bereikte Elisa de grote zee. Op de golven schommelden elf zwanenveren.

Μετά από πολλές μέρες η Ελίζα έφτασε σε μία μεγάλη θάλασσα. Στα κύματά της έπλεαν έντεκα φτερά κύκνων.

Toen de zon onderging, ruisde er iets in de lucht en elf wilde zwanen landden op het water. Onmiddellijk herkende Elisa haar elf betoverde broers. Maar omdat ze de zwanentaal spraken, kon zij hen niet verstaan.

Καθώς ο ήλιος έδυε ακούστηκε ένας θόρυβος στον αέρα και έντεκα άγριοι κύκνοι προσγειώθηκαν στην επιφάνεια της θάλασσας. Αμέσως αναγνώρισε η Ελίζα τους μεταμορφωμένους σε κύκνους αδελφούς της. Επειδή όμως μιλούσαν τη γλώσσα των κύκνων, δεν μπορούσε να τους καταλάβει.

Overdag vlogen de zwanen weg, maar 's nachts vlijden de broers en zus zich in een grot tegen elkaar aan.

In een nacht had Elisa een vreemde droom: Haar moeder vertelde haar hoe ze haar broers kon bevrijdden. Ze moest voor iedere zwaan een hemdje van brandnetels breien en het dan over hem heen werpen. Tot die tijd mocht ze geen woord spreken, want anders zouden de broers sterven.
Elisa ging gelijk aan het werk. Hoewel haar handen brandden als vuur, breide ze onvermoeid door.

Κατά τη διάρκεια της ημέρας οι κύκνοι πετούσαν μακριά, τη νύχτα, τ΄ αδέλφια έβρισκαν καταφύγιο μέσα μία σπηλιά αγκαλιάζοντας ο ένας τον άλλον.

Μια νύχτα η Ελίζα είδε ένα περίεργο όνειρο: η μητέρα της, τής είπε πώς θα μπορούσε να λυτρώσει τους αδελφούς της. Θα έπρεπε να πλέξει ένα μπλουζάκι από τσουκνίδες για κάθε κύκνο και να το ρίξει επάνω του. Ως τότε, όμως, δεν θα της επιτρεπόταν να πει ούτε καν μια λέξη, διαφορετικά οι αδελφοί της θα πέθαιναν.
Η Ελίζα ξεκίνησε αμέσως το πλέξιμο. Αν και τα χέρια της έτσουζαν σαν να ακουμπούσαν φωτιά, η Ελίζα έπλεκε κι έπλεκε ακούραστα κι ασταμάτητα.

Op een dag klonken er in de verte jachthoorns. Een prins met zijn gevolg kwam aangereden en stond al snel voor haar. Toen ze elkaar in de ogen keken, werden ze verliefd.

Μια μέρα ακούστηκαν από μακριά κυνηγετικά κέρατα. Ένας πρίγκιπας ήρθε καβάλα με την συνοδεία του και σταμάτησε μπροστά της. Όταν οι δυο τους κοιτάχτηκαν στα μάτια, ερωτεύτηκε ο ένας τον άλλον.

De prins tilde Elisa op zijn paard en reed met haar naar zijn kasteel.

Ο πρίγκιπας ανέβασε την Ελίζα στο άλογό του και την πήρε στο κάστρο του.

De machtige schatbewaarder was over de aankomst van het stomme meisje helemaal niet blij. Zijn eigen dochter zou de bruid van de prins moeten worden.

Ο ισχυρός θησαυροφύλακας δεν χάρηκε καθόλου για τον ερχομό της όμορφης μουγγής, μια και η κόρη του προοριζόταν να παντρευτεί τον πρίγκιπα.

Elisa was haar broers niet vergeten. Iedere avond werkte ze verder aan de hemdjes. Op een nacht sloop ze naar het kerkhof om verse brandnetels te plukken. Daarbij had de schatbewaarder haar in het geheim gade geslagen.

Η Ελίζα δεν είχε ξεχάσει τους αδελφούς της. Κάθε βράδυ συνέχιζε να πλέκει τα μπλουζάκια. Μια νύχτα βγήκε να πάει στο νεκροταφείο για να μαζέψει φρέσκες τσουκνίδες. Ο θησαυροφύλακας την παρακολούθησε κρυφά.

Zodra de prins op jacht was, liet de schatbewaarder Elisa in de kerker gooien. Hij beweerde dat zij een heks was die 's nachts andere heksen ontmoette.

Μόλις ο πρίγκιπας έφυγε για κυνήγι, ο θησαυροφύλακας έδωσε διαταγή να κλείσουν την Ελίζα στο μπουντρούμι. Ισχυριζόταν πως ήταν μάγισσα και πως συναντιόταν με άλλες μάγισσες τη νύχτα.

Bij het aanbreken van de dag werd Elisa door de bewakers opgehaald. Ze zou op de markt worden verbrand.

Την αυγή η φρουρά ήρθε και πήρε την Ελίζα. Προοριζόταν να καεί στην πλατεία.

Nauwelijks waren ze daar aangekomen toen plotseling elf witte zwanen aangevlogen kwamen. Snel gooide Elisa iedere zwaan een brandnetel-hemdje over. Al gauw stonden al haar broers als mensen voor haar. Alleen de kleinste, wiens hemdje nog niet helemaal klaar was, had nog een vleugel in plaats van een arm.

Δεν είχε καν φτάσει εκεί, όταν ξαφνικά παρουσιάστηκαν πετώντας έντεκα λευκοί κύκνοι. Η Ελίζα έριξε γρήγορα στον καθένα από ένα μπλουζάκι τσουκνίδας. Σύντομα παρουσιάστηκαν όλοι οι αδελφοί της μπροστά της σε ανθρώπινη μορφή. Μόνο ο μικρότερος αδελφός του οποίου το μπλουζάκι δεν ήταν εντελώς τελειωμένο, είχε μια φτερούγα στη θέση ενός χεριού.

Het omhelzen en kussen van de broers en zus was nog niet afgelopen toen de prins terugkeerde. Eindelijk kon Elisa hem alles uitleggen. De prins liet de boze schatbewaarder in de kerker gooien. En daarna werd er zeven dagen lang bruiloft gevierd.

En ze leefden nog lang en gelukkig.

Οι αγκαλιές και τα φιλιά των αδελφών της δεν είχαν τελειώσει ακόμα όταν ο πρίγκιπας επέστρεψε. Έτσι επιτέλους μπόρεσε η Ελίζα να του εξηγήσει τα πάντα. Ο πρίγκιπας διέταξε να ρίξουν τον κακό θησαυροφύλακα στο μπουντρούμι.

Και ζήσανε αυτοί καλά κι εμείς καλύτερα!

Hans Christian Andersen

Hans Christian Andersen werd 1805 in de Deense stad Odense geboren en overleed in 1875 te Kopenhagen. Door de sprookjes zoals "De kleine zeemeermin", "De nieuwe kleren van de keizer" of "Het lelijke eendje" werd hij wereldberoemd. Dit sprookje, "De wilde zwanen", werd voor het eerst in 1838 gepubliceerd. Het werd sindsdien in meer dan honderd talen vertaald en in vele versies o.a. ook voor het theater, film en musical bewerkt.

Barbara Brinkmann werd geboren in 1969 in München (Duitsland). Ze studeerde architectuur in München en is momenteel werkzaam bij de faculteit Bouwkunde van de Technische Universiteit van München. Ze werkt ook als grafisch ontwerper, illustrator en auteur.

Cornelia Haas werd geboren in 1972 in Ichenhausen bij Augsburg (Duitsland). Ze studeerde design aan de Hogeschool van Münster, waar ze als ontwerpster afstudeerde. Sinds 2001 illustreert ze boeken voor kinderen en jongeren en sinds 2013 doceert ze acryl- en digitale schilderkunst aan de Hogeschool Münster.

Marc Robitzky, geboren in 1973, studeerde aan de technische kunstschool in Hamburg en de Academie voor Beeldende Kunsten in Frankfurt. Hij werkte als zelfstandig illustrator en communicatie designer in Aschaffenburg (Duitsland).

Ulrich Renz werd geboren in 1960 in Stuttgart (Duitsland). Hij studeerde Franse literatuur in Parijs en geneeskunde in Lübeck, waarna hij als directeur van een wetenschappelijke uitgeverij werkte. Vandaag de dag is Renz freelance auteur en schrijft hij naast non-fictie ook boeken voor kinderen en jongeren.

Hou je van tekenen?

Hier vindt je alle illustraties van het verhaal om in te kleuren:

www.sefa-bilingual.com/coloring

www.ingramcontent.com/pod-product-compliance
Lightning Source LLC
LaVergne TN
LVHW070443080526
838202LV00035B/2710